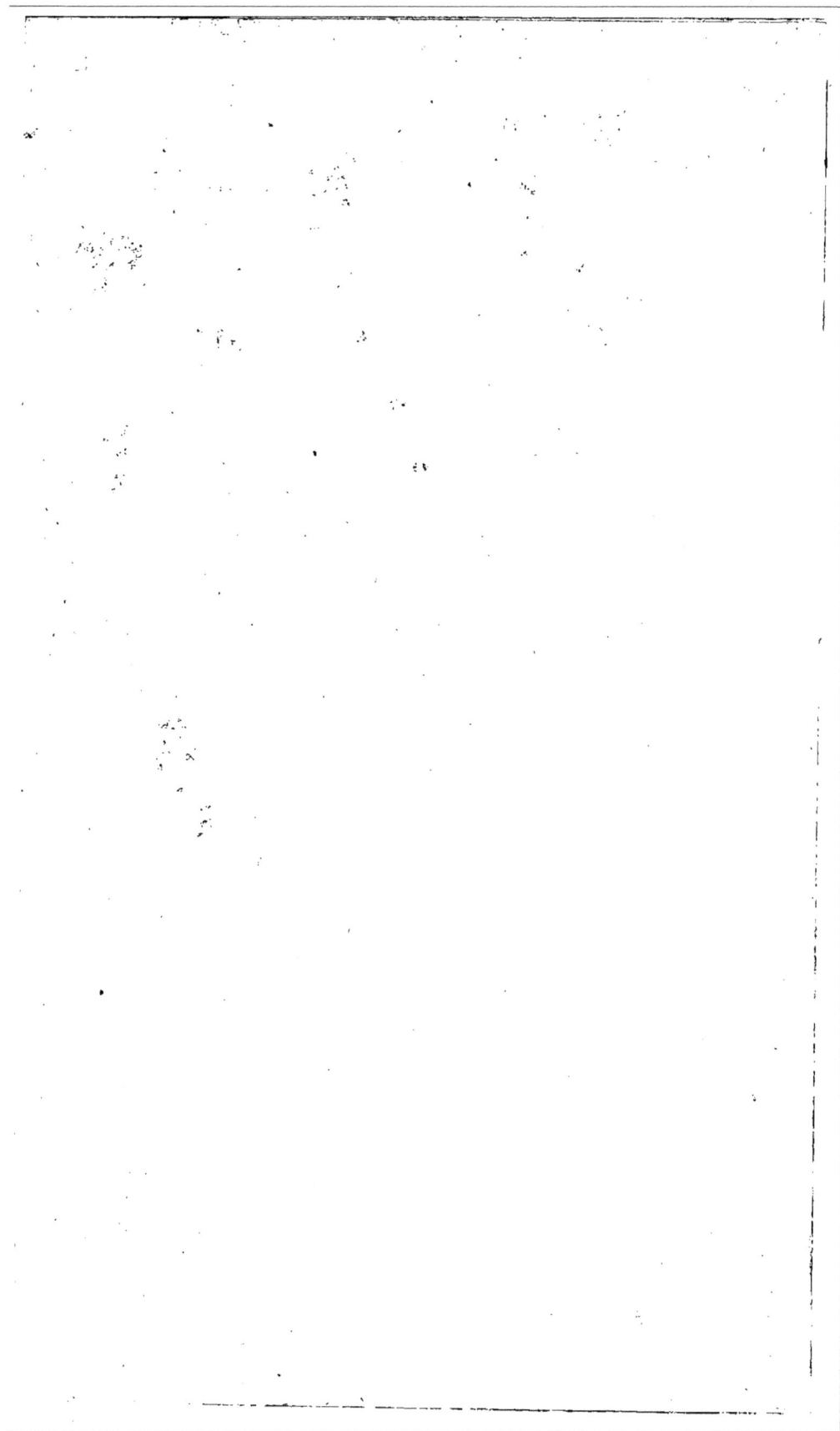

LK⁷ 1405

PREMIÈRE LETTRE

D'UN

HABITANT DE LA NIÈVRE

A SON MAIRE.

Publiée par

J. A. F. ALLIX;

LIEUTENANT-GÉNÉRAL DES ARMÉES DU ROI , MEMBRE DE L'ACA-
DÉMIE ROYALE DES SCIENCES DE GŒTTINGUE , CHEVALIER DE LA
LÉGION-D'HONNEUR , etc.

CLAMECY,

DE L'IMPRIMERIE DE N.-C. DELAVAU.

(1820.)

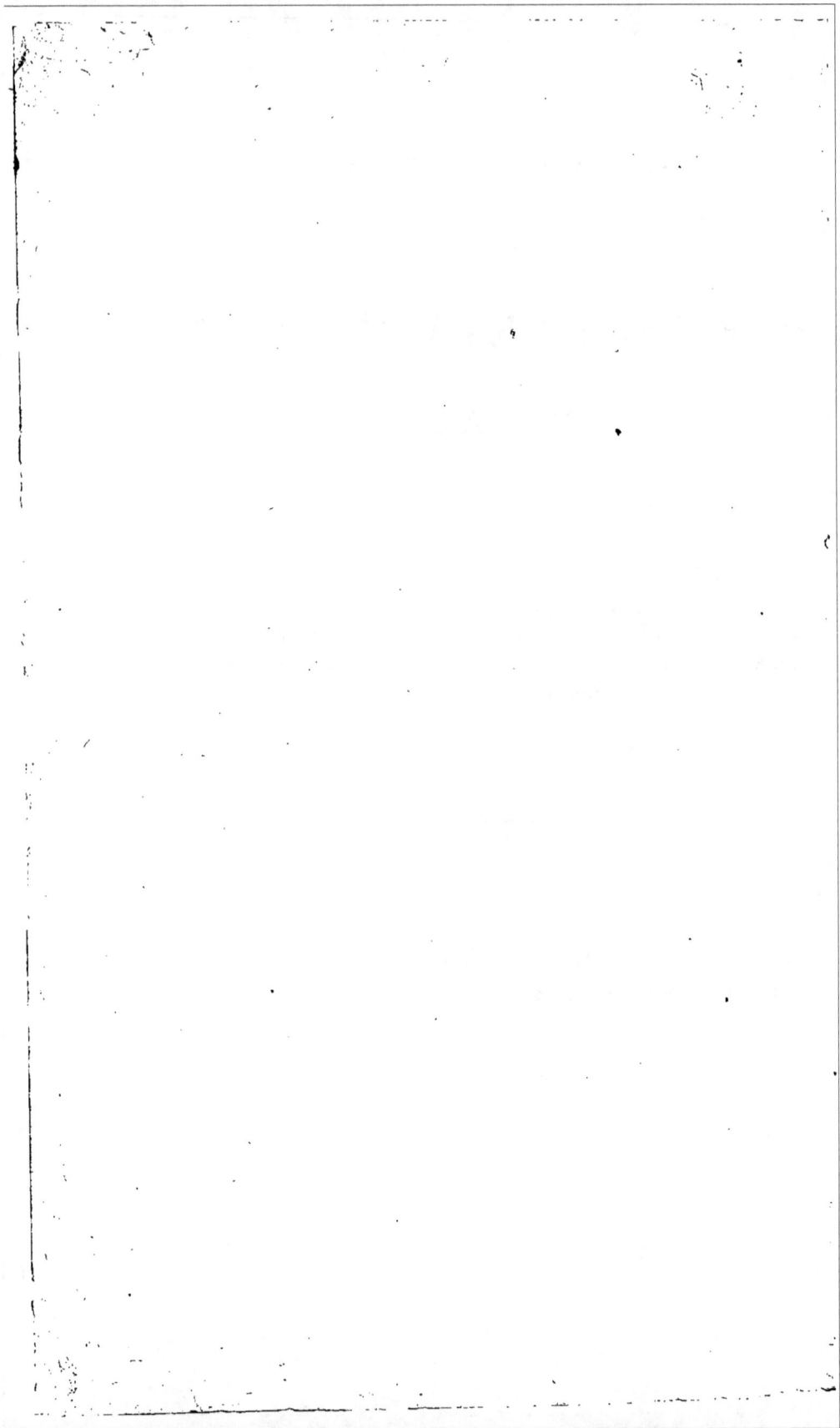

DÉCLARATION DE L'ÉDITEUR,

INDISPENSABLE A LIRE.

LA lettre suivante que l'amitié me fait un devoir de publier, est toute entière d'un homme de bien et d'un bon citoyen dont il est inutile de publier le nom, puisque je mets le mien en tête de cet écrit. Comme ce sont les abus qu'il attaque; qu'il est toute bienveillance pour les hommes, et qu'il ne veut pas plus que moi la

mort du pêcheur, mais seulement qu'il se con-
vertisse, il a dû taire et a tû en effet le nom
du maire, auteur des faits reprochés; ce qui
les rend, pour ainsi dire, tout-à-fait idéaux et
hypothétiques. C'est même, pour que la ma-
lice, toujours curieuse, ne pût soupçonner
quel est ce maire, que l'auteur n'est point nom-
mé, ce qui aurait pu arriver, s'il l'eut été, à
raison de ses rapports connus. L'auteur et l'é-
diteur espèrent que la justice du lecteur
s'exercera sur la pureté de ces sentimens. Ils
affirment cependant que ces faits sont de toute
vérité, et ne peuvent être contestés; et l'administration supérieure qui a tous moyens de
vérifier les actes des administrations municipales, peut s'en convaincre par elle-même et
sans aucun secours étranger, parce que je ne
pense pas que ces actes puissent être facilement
changés ou dénaturés. Si les autorités supérieures font ces vérifications, elles s'assureront
que ce n'est pas seulement le maire de notre
auteur qui se permet les actes qu'on lui re-

proche : beaucoup d'autres maires sont à peu près dans le même cas que lui, et j'en connois moi-même plusieurs, ce qui concoure à rendre presqu'impossible que le soupçon se porte sur un individu donné. C'est encore dans le même but que quelques personnes désignées par des lettres initiales ne le sont point par celles de leurs noms, pour qu'elles ne puissent être reconnues, et qu'on ne puisse par cette reconnaissance arriver à celle du véritable maire.

Si cet écrit tombe par hasard entre les mains de la demoiselle G., et si elle s'y reconnait, qu'elle soit la première à sourire en lisant l'article où il est question d'elle ; qu'elle soit convaincue que l'auteur et l'éditeur sont loin d'avoir pensé à blesser la délicatesse de ses sentimens qui leur sont bien connus. Ils sont l'un et l'autre pénétrés pour elle de l'affection la plus sincère, parce qu'ils connaissent toutes ses bonnes qualités. Son jeune âge et son

Inexpérience ne l'eussent pas induite à une dé-
marche qui en est le résultat nécessaire, et
elle ne l'eut pas faite, si elle eut trouvé, dans
les autres curés et dans les autres maires, les
sages conseils qu'elle a trouvé dans l'adjoint et
le curé de Br*****n. L'auteur et l'éditeur, dans
la nécessité où ils se trouvent de ne pas omettre
ce fait, auraient bien désiré pouvoir le traiter
de toute autre manière; l'éditeur surtout a fait
sans succès tous ses efforts pour y parvenir;
c'est sans doute que certaines choses sont si
délicates à toucher, qu'on ne sait par où les
prendre. C'est peut-être aussi parce que notre
langue se prête difficilement à traiter de semblables sujets, ou plutôt à cause du peu de ta-
lent de l'éditeur.

Je le repète donc; le tort dans cet affaire
ne peut être imputé à la demoiselle G. Il
doit l'être tout entier aux curés et aux maires
qui ne peuvent ignorer les lois de leur pays.
La demoiselle G. a appris un art utile; il

est tout naturel et tout simple qu'elle en profite ; ce sont, je le répète encore, les maires et les curés qui ont seuls tort, et on n'a pu se dispenser de citer les faits pour l'établir. C'est pour le faire ressortir davantage que l'auteur a fait les hypothèses du passe-port pour l'autre monde, du contrat de mariage privilé-gié, et du monopole du labourage qu'il s'est réservé à lui-même, le tout par une plaisan-terie, ce me semble, très-innocente et par conséquent très-permise.

Au surplus, je le déclare avec vérité: la lettre que je publie n'est pas mon ouvrage. Je me suis seulement permis de mettre en notes quelques parties que l'auteur avait placées dans le corps de la lettre ; parce qu'elles m'ont paru nuire à la clarté du raisonnement, et em-barasser la marche des faits. C'est là toute la part que j'ai à la publication de cet écrit. Si donc il peut devenir utile, s'il concoure à faire réformer des abus, si sa lecture peut plaire, tout le mérite en est à l'auteur. Si sa publication était blâmable, le blâme en appartiendrait à moi seul; c'est pourquoi je signe.

ALLIX.

PREMIÈRE LETTRE

D'UN

HABITANT DE LA NIÈVRE

A SON MAIRE.

Auri sacra fames ! ! !
                    VIRG.

Je suis, vous le savez, monsieur le maire, l'un des plus forts contribuables (1) de notre commune ; et la loi des finances m'appelle, depuis plusieurs années, en cette qualité, aux délibérations qui ont pour objet les con-

---

(1) Je me sers du mot *contribuable* qui me paraît le mot propre et qui est d'ailleurs celui de la loi. Je ne puis m'expliquer pourquoi MM. les maires dans leur correspondance et leurs actes officiels en employent ordinairement d'autres, comme, par exemple, ceux *de plus hauts imposés ;* à moins que cela ne soit pour apprendre à leurs administrés que ce sont des *impositions* et non des *contributions* qu'ils payent.

tributions extraordinaires et locales. Depuis
qu'il en est ainsi , ou plutôt depuis que vous
m'avez convoqué à l'exercice de ce droit , j'ai
fait près vous , à plusieurs reprises et toujours
sans succès , diverses tentatives pour vous dé-
montrer que ces contributions , telles qu'elles
sont perçues et levées sur nous , étaient réellement et dans la véritable acception des mots,
des contributions illégales et par conséquent
concussionnaires. Si j'avais pu parvenir à vous
en persuader, je me proposais ensuite de vous
prouver que les dépenses qu'elles supposent
étaient sans nécessité , sans utilité , comme sans
équité (1) , et par égard pour les fonctions
honorables que vous exercez, je me serais abs-
tenu d'examiner avec vous , si ces dépenses
étaient réelles ou si elles étaient fictives.

———————

(1) L'équité était la première et la plus ancienne des
divinités du paganisme. Selon lui , elle existait avant le
temps et était antérieure au destin même. C'est sans doute
à cause de son origine payenne et de son antiquité que
les modernes ne la connaissent plus , qu'ils l'ont mise
au rang des divinités fabuleuses , et que de nos jours son
existence est tout aussi problématique que celle de ses
filles , l'égalité , la liberté , la justice.

Les registres de la commune établissent que j'ai été son maire avant vous. Ainsi vous ne pouvez ignorer que je dois connaître et que je connais en effet avec assez d'exactitude quels sont ses besoins et ses ressources, quels sont ses dépenses d'utilité et les moyens d'y satisfaire.

Alors, monsieur (je veux dire, avant que vous fussiez maire de notre commune), ses revenus pécuniaires annuels consistaient dans les cinq centimes pour franc de ses contributions directes : c'était environ 250 francs par an ; c'était là, comme vous le savez sans doute, tout l'avoir municipal ; c'était là toute la somme dont le maire d'alors pouvait disposer ; c'était enfin avec cette somme, toute modique qu'elle est, que ce maire devait satisfaire et satisfaisait en effet à toutes les dépenses utiles. Ce maire faisait plus, monsieur : il passait, à la vérité malgré lui, à la Sous-préfecture le payement d'une dépense fictive de 3o à 4o francs ; telle était, par exemple, celle d'un piéton communal qui alors, comme aujourd'hui peut-être, n'existait que sur les arrêtés des comptes municipaux.

Et alors cependant (je veux toujours dire avant que vous fussiez notre maire), il existait dans la commune comme maintenant un garde champêtre et un garde forestier qu'il fallait payer ; le culte n'était pas moins décent, ni nos chemins plus mauvais qu'ils ne le sont ; alors encore les loix, nos personnes, nos propriétés particulières et communales étaient certainement tout aussi respectées qu'elles le peuvent être actuellement ; enfin alors le service allait tout aussi bien que de nos jours ; toutes les dépenses utiles se faisaient et cependant on ignorait chez nous ce qu'étaient des contributions locales extraordinaires ; on en ignorait jusqu'au nom.

Je n'ai appris moi-même, monsieur le maire, qu'il en existait de semblables chez nous, qu'aux séances de notre conseil municipal de 1819, où vous m'avez convoqué pour la première fois. Je les avais néanmoins payées auparavant, mais ignorant leur existence ; comme d'ailleurs elles se prélevaient de la même manière et par la même personne que les contributions ordinaires ; j'avais confondu les unes avec les autres, et n'avois pas pensé à réfléchir sur la différence essentielle qui existe entre elles. Rendu à votre convocation, j'ignorais encore quelles fonctions, quels droits et quels devoirs la loi m'imposait en ma qualité de l'un des plus forts contribuables (3), mais je les trouvai tracés et prescrits dans celle des finances de 1819 et dans l'instruction de M. le préfet relative à l'exécution de cette loi. En lisant et en réfléchissant cette loi et cette instruction, la première vérité dont je fus convaincu, c'est que le vote des contributions locales devait être fait par les dix plus forts contribuables de la commune, nombre égal à celui des membres de son conseil municipal et conjointement avec ce conseil. Je

---

(3) Je reçus en 1819 de M. le maire la veille au soir du jour qu'il avait fixé pour la délibération dont il s'agissait, et qui était le dernier jour de la session du conseil, un billet ainsi conçu :

« Vous êtes invité, monsieur, à vous rendre à la mairie demain à une heure précise de l'après midi, pour assister comme un *des plus hauts imposés* de la commune, à la séance du conseil municipal, et y voter les dépenses extraordinaires et locales de 1820.

Signé Le maire de ***.

Ce laconisme n'était certes pas propre à m'apprendre ce que j'ignorais : et il me semble qu'un maire dans son arrêté de convocation devrait indiquer la nature des dépenses à voter, pour laisser le temps de la réflexion, et ne pas sabrer la délibération comme cela se fait chez nous, ainsi que je le dirai plus bas.

fus aussi convaincu que le texte de la loi étant positif, clair et précis à cet égard, toute contribution qui serait votée en l'absence de tous ou de partie des dix plus forts contribuables, ou au moins sans qu'ils eussent été convoqués en temps utile, devenait par cela seul illégale et concussionnaire.

Or il est vrai, monsieur le maire, que les citoyens qui, l'an dernier, se trouvèrent présens à la session de notre conseil municipal, n'étaient ni au nombre de dix, ni les plus forts contribuables de la commune. A l'observation que je vous en fis, vous répondîtes, sur le premier chef, que le conseil municipal n'était pas complet et que vous aviez appelé les plus hauts *imposés* au nombre de sept, nombre égal à celui des membres existans du conseil, et sur le second, que *les plus hauts imposés* convoqués ne se présentant pas, vous les aviez remplacés par d'autres. En effet je remarquai que parmi les citoyens présens, il s'en trouvait plusieurs dont les noms, loin d'être du nombre *des plus hauts imposés* (je me sers toujours de vos propres expressions) ne se trouvaient pas même inscrits, je pense sur aucun rôle des contributions foncières et industrielles. Envain

j'observai qu'une telle convocation et une
telle formation étaient une violation évidente,
incontestable de la loi qu'il était de votre
devoir de faire exécuter littéralement ; envain
je vous observai encore que le temps écoulé
entre l'expédition de vos lettres de convocation
et l'heure de la séance ayant été à peine d'une
nuit , on pouvait avec fondement et avec toutes
les apparences de la vérité penser, ou que vos
lettres n'étaient pas arrivées à temps à leurs
adresses, ou que les citoyens convoqués étaient
absens de leurs domiciles , lorsque ces lettres
y avaient pu parvenir ; qu'ainsi ce pouvait
étré par impossibilité réelle. résultat nécessaire
de votre tardive convocation , que la majorité
des plus forts contribuables n'avait pas répon-
du à l'appel de la loi. J'ajoutai que l'incomplet
du conseil municipal, qui était le fait personnel
de l'administration, ne pouvait vous dispenser
d'appeler à la délibération et d'attendre les
dix plus forts contribuables, comme la loi
l'exigeait, ou au moins d'ajourner cette délibération jusqu'à une nouvelle convocation de ces
dix plus forts contribuables, ou de ceux qui les
suivent immédiatement dans le rôle des contributions de la commune. Un homme plus

soupçonneux que je ne le suis ; aurait pu vous ob-
server encore et avec justice que c'était à dessein
prémédité, et dans la vue de priver les plus forts
contribuables de l'exercice d'un droit positif
et sacré ; d'être ainsi le maître de la délibération, en y appelant au hasard , comme vous le
fîtes en cette circonstance, qui bon vous sem-
blait ; que vous aviez fait un appel aussi tar-
dif, aussi clandestin et à un délai aussi court :
soupçon fondé , an moins en apparence , s'il ne
l'est dans la réalité, puisque des dix plus forts
contribuables de notre commune, huit ont
leurs domiciles dans d'autres communes et à
des distances de plusieurs lieues, ce que vous
savez fort bien ; soupçon fondé enfin puisque
vous refusâtes à ajourner la délibération ,
comme je vous le demandais et comme le vou-
laient également les convenances , les intérêts
de vos administrés, l'instruction de M. le préfet , la raison et la loi.

C'est la loi, monsieur le maire , et non le
magistrat , qui appelle les plus forts contribuables de chaque commune au vote des contributions locales. Le magistrat dont elle est
la règle de conduite, doit donc prendre toutes
les mesures convenables , efficaces pour que

cet appel ne soit point illusoire, pour qu'on ne puisse même le soupçonner de le rendre tel : or c'est néanmoins ce qui arrive nécessaire- ment, lorsque les convocations sont clandes- tines et à si court délai, qu'un citoyen qui a son domicile dans la commune, même pourrait ne pas arriver à temps utile, si, comme vous l'avez fait dans la session de cette année, les convocations ne précèdent que d'une heure celle indiquée pour la délibéraiion, et dans ce cas il est évident que les citoyens domiciliés à plusieurs lieues, comme la chose a lieu pour la presque totalité de nos plus forts contribuables, sont dans une impossibilité entière de répondre à votre convocation réelle ou supposée.

Un maire pénétré de ses devoirs, ou qui le serait un peu plus que vous ne paraissez l'être, au lieu de faire, comme vous, ses convocations la veille au soir ou le matin même du jour in- diqué pour la délibération, sentirait qu'il y a impossibilité physique, qu'elles arrivent à temps à des citoyens éloignés de plusieurs lieues : il les ferait en conséquence plusieurs jours à l'avance, non clandestinément, comme vous, mais par un arrêté plublié et affiché, le- quel contiendrait les noms des plus forts con-

2

tribuables et leur indiquerait les jours de la
délibération. Expédition de cet arrêté serait
ensuite transmise à chacun d'eux , non par des
occasions incertaines , ainsi que vous le faites ,
mais par le piéton de la commune qui en rap-
porterait reçu, et qui existe sans doute, quoiqu'invisible, puisque la commune le paye.
Alors, monsieur , vous seriez en état de justifier à ces assemblées , que les convocations ont
été réellement faites, et l'on ne serait pas ex
posé à y voir assister , contre le texte de la
loi, des personnes dont les noms ou ne sont pas
inscrits sur les rôles des contributions ou y
figurent tout au plus pour les sommes les plus
modiques.

Je suppose que vous ne l'ignorez pas, monsieur le maire; il s'est élevé d'un bout de la
France à l'autre un cri général d'indignation
contre les abus et les vices des administrations
municipales. Le législateur a voulu sans doute
remédier à ces abus et à ces vices, et telles
ont dû être ses vues , lorsqu'il a ordonné dans
la délibération des dépenses locales , l'adjonc-
tion, aux conseils municipaux, des plus forts
contribuables de chaque commune ; puisqu'en
les faisant concourir au vote de ces dépenses ,

il les fait exercer par là même une surveillance
réelle, utile, et même, je pense, nécessaire
sur leur comptabilité ; le législateur, dis-je, a
cru pouvoir, par là, apporter un remède efficace
à ces vices et à ces abus ; parce que les plus forts
contribuables ont un intérêt direct, immédiat
non-seulement à ne voter ces dépenses qu'en
cas d'utilité et de nécessité, et à ce qu'elles
soient les moindres possibles, mais encore parce
qu'ils n'ont pas moins d'intérêt à ce que ces
dépenses soient réelles et que les contributions
perçues, dont ils payent la plus forte partie (4),
soient employées exclusivement à l'objet de leur
destination. Enfin les plus forts contribuables
n'étant pas, comme les membres des conseils
municipaux, au choix du maire, ou nommés
sur son indication, ni par conséquent ses
frères, ni ses cousins, ni ses complaisans, ni
ses serviteurs à gages (5), le législateur a pensé

---

(4) Dans notre commune les dix plus forts contribuables
payent environ les quatre cinquièmes des contributions.

(5) Rien de plus plaisant que la manière dont sont
composés quelques conseils municipaux ; leurs membres sont ou sourds ou aveugles et toujours essentiellement muets. C'est la condition *sine qua non*. Ce qui est

et dû penser qu'ils n'accorderaient leur assen-
timent qu'à des dépenses utiles , nécessaires et
réelles , et non à des dépenses fictives et qui
ne seraient d'aucun avantage communal et
public.

Mais si un maire déjà sûr de son conseil
municipal, composé d'hommes de son choix et
à sa dévotion , et d'ordinaire, dans les cam-
pagnes surtout, d'hommes illétrés qui savent
tout-au-plus signer leur nom , et qui l'apposent
de confiance et sans examen sur tout ce que
le maire leur présente à signer ; si, dis-je , ce
maire fait ses convocations à si court délai
qu'il y ait impossibilité aux plus forts contribuables de les recevoir à temps utile et d'y
répondre, si ensuite il les remplace par des
gens pris au hasard ou à dessein parmi les

---

assez naturel, puisqu'ils sont une émanation de la chambre
des députés sous l'empire. Cela n'est pas, je dois le dire ,
tout-à-fait général, car je connais un maire qui a tout
récemment sollicité et obtenu le remplacement de l'un
de ses conseillers, parce qu'il était sourd à ne presque rien
entendre. J'aime à publier cette exception , qui pourrait
devenir un avis utile , et aussi peut-être un bon exemple
à suivre

moins cotisés , comme vous l'avez fait en 1819,
ou s'il ne les remplace pas du tout , comme
vous l'avez fait en 1820 (6) , autant vaudrait-
il que ce maire fît ce que vous avez fait en
1818, je veux dire qu'il fît voter les contribu-

------

(6) A la séance de 1820, il ne s'y trouva que trois des
plus forts contribuables. Et il est certain que les sept autres n'avaient pu recevoir leurs lettres de convocation , si
toutes fois elles avaient été expédiées. Il est même presque
certain que l'un des trois présens ne s'y trouva que par
hasard , puisqu'il demeure à deux lieues et demie de dis-
tance , et il faut bien que le maire comptât sur ces absences
et qu'il en fût même certain à l'avance, puisqu'il avait convoqué aussi des moins forts contribuables, qu'il adjoignît, au
nombre de quatre, aux trois plus forts présens. La question
de la légalité de l'assemblée s'étant élevée , le maire , au
lieu d'ajourner la délibération , comme le prescrit l'instruction de M. le préfet , mit aux voix la question de la
compétente , et la fit prononcer par des gens qui n'avaient
aucune qualité pour délibérer. Deux des contribuables
présens se refusèrent à délibérer et se retirèrent ; le maire
n'en continua pas moins la délibération sans les faire
même remplacer, et obtint, m'a-t-on dit, une somme de
douze à quinze cents francs, sans justifier par aucune pièce
de la nécessité et de l'utilité des dépenses, et sur des motifs qui ne pourraient subir , sans disparaître, le plus léger
examen.

tions locales par son conseil municipal seul et sans l'appel indispensable et obligé des plus forts contribuables ; la loi n'en serait ni plus ni moins méconnue ; elle n'en serait ni plus ni moins violée , et ce maire n'en serait ni plus ni moins maître d'imposer à ses administrés, sous l'apparence des formes de la loi , telles contributions illégales qu'il croirait pouvoir leur imposer.

Faire ce que la loi défend, ne pas faire ce qu'elle ordonne , c'est là, si je ne me trompe , être coupable d'arbitraire , comme *tout faire avec certitude d'impunité , c'est exercer la tyrannie* (7). Vous n'avez pas sans doute la prétention d'être placé dans cette dernière hypothèse , mais je pourrai bien examiner un jour si vous ne seriez pas dans la première.

Tel n'est pas aujourd'hui mon but : celui que je me propose, est de vous prouver combien il est important que la loi qui appelle les plus forts contribuables des communes au vote des contributions locales , soit littéralement, religieusement et franchement exécutée, et que

---

(7) *Impune quælibet facere , id est tyrannum esse.*
SALLUSTE.

cette exécution ne puisse être éludée dans aucun
cas et sous quelque prétexte que ce puisse être.

Vous n'êtes pas, je le sais, juge de cette
importance, car vous avez, je le suppose, en
votre qualité de maire, prêté serment d'obéir
à la loi: ainsi la faire exécuter dans tout son
contenu, sans fraude, sans subterfuge, sans
escobarderie, mais au contraire avec franchise,
loyauté, fidélité et impartialité, tel est votre
devoir, comme c'est ainsi votre devoir d'a-
voir pour elle la même soumission que tout
autre citoyen; ce sont là des vérités si élé-
mentaires que j'ai, pour ainsi dire, honte d'être
dans la nécessité de vous les rappeler, mais il
faut pourtant bien que je le fasse, puisqu'il est
malheureusement vrai, que les contributions
extraordinaires de notre commune, y sont cons-
tamment votées par des individus que la loi ne
désigne point pour prendre part à ces votes.

Il est néanmoins, je le répète, d'une grande
importance pour les communes qu'il en soit autrement; il est d'une grande importance, dis-je
que ce soit, non des prolétaires, mais bien les
plus forts contribuables qui exercent dans cette
occasion, les droits que la loi leur a conférés,
parcequ'ils ont, comme je vous l'ai déjà dit,

non seulement un intérêt réel, immédiat et direct
à ne consentir que des dépenses utiles ou nécessaires, mais encore parce que l'habitude qu'ils
ont de traiter des affaires plus étendues les rend
plus aptes à juger de l'utilité et de la nécessité
de ces dépenses, comme à contrôler et critiquer
avec plus de discernement leur réalité.

Je pourrais, monsieur le maire, m'en tenir à ces
motifs généraux qui sont, ce me semble, ceux de
la loi, qui expliquent à la fois l'importance de ses
dispositions et les vues du législateur, qui sont
d'ailleurs conformés à tout le système de notre
législation et en harmonie avec lui (8), mais

---

(8) En effet la loi fondamentale n'appelle que les plus
forts contribuables de l'Etat à concourir au vote de ses
contributions, comme la loi des finances appelle ceux des
communes au vote des contributions locales. Les magis-
trats chargés de son exécution, devraient sans doute se
bien pénétrer de cette analogie, dont la conséquence ri-
goureuse serait que les plus forts contribuables des communes pourraient seuls voter leurs dépenses. Mais la loi
des finances les faisant concourir à ce vote avec un conseil
municipal, tout dévoué au maire, et rendant ainsi leur
position très-désavantageuse, cette position le devient encore davantage, lorsqu'un maire évite de les y appeler ; on
les y appelle si tardivement qu'ils ne puissent répondre
à cet appel.

à dessein d'instruire vos chefs dans la hierarchie des pouvoirs administratifs, de la nécessité où ils sont d'avoir toujours un œil sévère et attentif sur les abus des administrations municipales, pour qu'ils puissent les réprimer ou aviser aux moyens d'y parvenir, ie crois convenable de citer ici quelques faits qui se passent ou se sont passés sous nos yeux et dont votre devoir n'a pu, à ce qu'il me paraît, leur laisser ignorer l'existence sans prévarication.

Premier fait. Votre maison est toute voisine du clocher de notre église, avantage que n'ont les sept huitièmes de nos habitans. Probablement que vous avez voulu être un des premiers à savoir d'où vient le vent, et vous avez décidé qu'une girouette serait placée au-dessus de ce clocher. On y a donc posé deux barres de fer en croix qui, conjointement avec la girouette, ont couté à la commune une somme de près de 500 francs, ainsi que la chose, m'a été assurée par un homme que je crois digne de foi, et qui a payé cette dépense, m'a-t-il dit, sur votre mandat. Si elle eut été soumise à un conseil municipal équitable, économe et éclairé ; si seulement il se fut trouvé dans ce conseil un seul homme qui eût eu les intérêts de la com-

mune à cœur, et qui lui eut observé que les deux
barres de fer , pesant au plus cinquante livres,
ne pouvaient valoir toutes posées à raison de
60 francs le quintal, valeur ordinaire de ces
sortes d'ouvrages , au-delà de trente
francs , ci   30 fr.

Que la girouette en la supposant de cui-
vre et non de tôle ou de fer-blanc, ne pouvait couter au-delà de dix francs, ci   10 »

Que quelques autres petites pièces de
détail valaient au plus quinze francs, ci   15 »

TOTAL . . 55 fr.

Si , dis-je, monsieur le maire, il se fut trouvé
dans le conseil un seul membre qui eut fait ces
observations , croyez-vous qu'on vous eût alloué
la dépense excessive de près de 500 francs,
somme d'autant plus excessive pour nous
qu'elle est le dixième environ de nos contributions directes ?

Second fait. Celui-ci est à peu près du même
genre , mais il est un peu plus grave. La commune (9) où il se passe est soumise, non à la

----

(9) J'ai bien aussi le droit d'examiner un peu l'administration de cette commune , car j'y paye aussi des contributions extraordinaires,

direction du maire, qui n'y est qu'un second personnage, mais d'un conseiller municipal qui y fait, comme on dit, la pluie et le beau-temps. C'est un personnage d'importance, car c'est une espèce de baillif dans son village, l'emploi qu'il occupe paraît inamovible, et cela est tout simple, car il a servi tous nos gouvernemens avec la même fidélité; il ne les a jamais délaissés qu'au moment de leur chûte. Il s'entend d'ailleurs fort bien à l'administration du bien des autres, car il a été, comme l'intendant de Belphegor,

« Cet animal
« Qui, comme on dit, sait pêcher en eau trouble;
« Et plus le bien de son maître va mal
« Plus le sien croît, plus son profit redouble. »

LAFONTAINE.

Il serait aussi sans doute maire de sa commune, s'il ne préférait les fonctions salariées qu'il exerce, et si ces fonctions n'étaient pas essentiellement incompatibles avec celles de la magistrature municipale. Dans cette commune donc une maison est mise en vente: elle convient ou ne convient pas, elle est ou n'est pas utile aux habitans; mais ce n'est pas là la question. Le conseiller est tout-puissant, et il

prouvera très-bien que la commune doit l'acheter. Si quelqu'un s'avisait de dire le contraire,
il a plus d'un moyen de l'en punir. Il sait d'ailleurs qu'avec un peu d'art ou d'intrigue on peut
tromper un Sous-préfet, voir un Préfet, voir
même un Ministre. Il ne fera donc pas acheter
la maison, à la commune, du propriétaire direc-
tement ; il aurait fallu partager avec lui le béné-
fice, ou au moins le mettre dans son secret ; il pen-
sera donc qu'il vaut mieux qu'elle passe par ses
mains, et il l'achetera lui-même, non sous son
nom, il n'est pas si mal-adroit, mais sous celui
de l'un de ses plus proches parens, et devenu
ainsi propriétaire de cette maison pour une
somme de 3000 fr. environ, il la revend aussitôt
à la commune pour dix ou onze mille francs,
et se gardera bien de rougir d'être lui-même au
nombre des conseillers municipaux qui en
votent l'achat ; étant ainsi tout-à-la fois vendeur,
comme propriétaire, et acheteur comme sti-
pulant les intérêts de la commune ; et cette
vente frauduleuse est consommée, sanctionnée
par l'autorité supérieure, malgré toutes les pré-
cautions prises par les lois pour la conservation
des revenus communaux et l'équité de leur
emploi , au moyen de procès-verbaux d'esti-

mation, d'expertises et contre expertises faites dans l'intérêt seul du conseiller municipal.

Troisième fait. En fait d'abus et d'actes arbitraires, on en trouve, monsieur le maire, tant qu'on en veut dans les communes; en voici un auquel on n'a sans doute jamais pensé ailleurs que dans la nôtre.

Mademoiselle G. est prêtresse de Lucine(10), elle a été initiée à ses mystères dans le temple de la maternité (11), où elle a reçu les lettres du sacerdoce. Elle a d'ailleurs toutes les grâces, toute la fraîcheur du jeune âge ; elle est jolie, et ses mains douces et potelées semblent avoir été faites exprès pour le saint ministère. Je ne vous dirai pas, avec le bon Lafontaine, qu'elle ait mis

> À ses pieds des mortels
> Et des héros, des demi-dieux encore,
> Même des dieux.

Mais il est certain cependant que, si elle

---

(10) C'était chez les anciens la déesse de l'enfantement, elle présidait à la naissance des enfans.

(11) Elle prend le titre de *maîtresse sage-femme à la maternité*, c'est un fait prouvé par la suscription d'une lettre que j'ai entre mains, et dont une copie sera transcrite tout à l'heure.

n'y a pas mis un maire et un curé de village, elle a sû les mettre dans ses intérêts,
puisque M. le curé a publié à son prône, si
ce n'est par votre ordre ou votre autorisa-
tion, du moins avec votre consentement, puisque c'était en votre présence et que la chose
s'exécute, qu'il n'administrerait point le baptême
à tout enfant qui ne lui serait pas présenté par
la susdite demoiselle, ou dont les parens ne
rapporteraient point un certificat d'elle, cons-
tatant que c'est bien elle-même qui aura ac-
couché la mère (12). Et comme d'ailleurs c'est

---

(12) Ce refus que fait M. le curé dont il est ici question,
de baptiser les enfans qui ne lui sont pas présentés par la
demoiselle G., peut fournir matière à une question théologique que je proposerai aux docteurs de défunte Sor-
bonne, si, comme tant d'autres choses, elle renaît un
jour de ses cendres. Ce qui me mettra dans la nécessité de
le faire, c'est que je crains qu'une différente manière de
penser du pasteur d'une autre église ne fasse naître un
schisme avec l'église de notre commune. On sait qu'il n'y
a rien de plus terrible qu'un schisme ; on sait combien de
sang répandu il en résulte ; ceux qui ne le sauraient pas,
peuvent lire les guerres de religion, ils apprendront : s'il
arrivait, bon Dieu, que pour décider si les enfans peuvent
être ou non baptisés sans la demoiselle G., que les deux
églises en vinssent aux mains, qu'ils se fissent une guerre

M. le curé qui tient les registres de l'état civil,

—————

aussi furieuse que les héros de la *Secchia rapíta* ; si célèbres en Italie, les deux curés qui ne se battent point, parce que l'Eglise abhorre le sang, pourraient bien seuls y survivre, et dans le cas, il est vrai, le problême serait résolu, mais ce serait pourtant un grand malheur et pour eux et pour nous. Il n'y a qu'une décision théologique qui puisse le prévenir ; et je le répète, je ne manquerai pas de faire tout ce qui sera en mon pouvoir pour qu'elle soit prise. Elle pourra bien n'être pas moins gaie que celle qui le fut par les mêmes docteurs, il y a environ soixante ans, ils prononcèrent, sur des motifs déduits des canons et des Saints-Pères, qu'un enfant peut, au moyen d'une petite seringue de leur façon, être valablement baptisé dans le sein de sa mère, *in utero matris*, quoiqu'alors cependant il ne put, dans ce cas, leur être présenté par une sage-femme jeune et jolie. Cette décision est en entier rapportée par le bon curé Stern dans son immortel TRISTRAM SHANDI. J'invite mes docteurs à la relire d'avance comme un excellent modèle en pareille matière, pendant qu'ils feront cette lecture, je vais ici transcrire pour les leur conserver, et fournir une pièce à l'instruction du procès, les motifs que l'un de leurs confrères a, pour ne pas penser comme le curé de mon village. Ces motifs sont contenus dans la lettre ci-après, adressée à la demoiselle G., *maîtresse sage-femme à la maternité*. Voici litteralement cette lettre que j'ai remise entre les mains de l'éditeur, et qui sert de réponse, comme on le verra, à celle que la susdite demoiselle avait écrite au susdit pasteur.

ou peut-être plutôt qu'il en redige seule-

MADEMOISELLE,

« Je réponds à une lettre que je reçus hier, qui porte
« l'empreinte de votre signature, et qui est sans date.
« Elle présente des difficultes, non de ma part, car je
« désire ardemment pour les intérêts de l'humanité et le
« salut des enfans à naître, que les intentions de la dicta-
« trice en fussent remplies. Mais hélas! le dirai-je? sans
« préjudicier au sexe, les femmes!!! les femmes ne pensent
« pas toujours pour la plupart bien murement et bien so-
« lidement ; surtout celles de Br****** , qui ne sont pas
« d'humeur qu'on touche aux cordons de leurs bourses,
« n'adoptent point vos vues, à moins qu'elles ne fussent
« gratuites. Cependant j'avoue, avec le droit naturel, que
« toute peine vaut son salaire. Comment voulez-vouz,
« disent-elles, qu'un grand nombre de femmes comme
« nous, qui peuvent à peine trouver deux francs pour celle
« qui les accouche, puissent trouver quatre ou cinq ou six
« francs que mademoiselle G. prend au plus bas prix. Je
« leur ai dit : puisqu'il en est ainsi, je ne conférerai point
« le saint baptême à un enfant qui ne me sera point pré-
« senté par une femme non titrée. Eh bien, elles ont ré-
« pondu : si vous ne baptisez pas l'enfant et qu'il meure,
« ce sera sur votre compte; et comme le baptême est de
« toute nécessité pour être sauvé, fondé sur ce principe,
« vous conviendrez avec moi, mademoiselle, que je ne
« puis refuser le saint baptême à un enfant, pour ne point
« en un cas de malheur, l'exposer à une damnation éter-
« nelle.

ment les actes que vous signez de confian-

« Mademoiselle, pour lever les obstacles qui s'opposent
« à vos vues, employez les mêmes moyens que les sages-
« femmes de Clamecy, titrées, ont employé pour em-
« pêcher les sages-femmes non-reçues de se présenter
« pour accoucher. Une certaine femme, nommée Ou-
« dine, n'ayant point caractère pour accoucher, s'est
« avisée un jour d'accoucher une femme. Les sages-
« femmes de Clamecy reçues l'ont assignée pour qu'à
« l'avenir défense lui soit faite d'accoucher. Elle a été
« condamnée à une amende et de ne plus récidiver. Ma-
« demoiselle, suivez cette marche, pour lors il faudra
« bien que l'on s'adresse à vous.

« M. l'adjoint de Br******, qui m'a communiqué la
« lettre que vous lui avez adressée, m'a dit que c'était
« là la marche que vous aviez à tenir ; et que, pour ce,
» il fallait vous adresser à M. le Sous-préfet, qui vous y
« autoriserait ; que pour lui, il ne voulait pas se mettre à
« dos les femmes de sa commune, qui ne sont pas
« d'humeur à donner à une sage-femme de si gros hono-
« raires.

« Je suis bien peiné, mademoiselle, de ne pouvoir rem-
« plir vos vues, mais usez des moyens que je vous mets sous
« les yeux, et vous réussirez ; en attendant qu'elles se
« réalisent, daignez agréer ma parfaite considération, etc.
              Signé C. R., curé de Br******.

O spirituel auteur de TRISTRAM SHANDI ! bon curé
Yorick ! et vous aussi, ô cher oncle Tobie ! revenez

ce (13), quand bon vous semble, il en résulte
que la naissance d'un enfant ne peut être
constatée que sous le bon plaisir de M. le curé,
sous le vôtre, et sous celui de votre sage-femme
privilégiée.

M. le curé se fait un mérite de ne jamais
lire d'autre livre que son bréviaire. Omar, le
fanatique Omar, le même qui a incendié la
bibliothèque d'Alexandrie, prétendait aussi
que les vrais croyans ne devaient lire que

---

parmi nous. Venez redire à nos docteurs ce que vous
disiez jadis au docteur Sclop. Venez leur apprendre
QUELLES BELLES ARMÉES VOUS AVIEZ EN FLANDRE avant
l'invention du forceps, avant l'existence des sages-femmes
privilégiées ; et que les braves soldats de ces armées avaient
été baptisés sans l'emploi de la petite seringue de leur
façon.

(13) En 1819 je fus à la mairie, pour y déclarer la
naissance d'un enfant. Les registres n'y étaient pas ; ils
étaient chez M. le curé, où l'on alla les chercher. J'y vis
que tous les actes de naissance étaient écrits de la main de
ce curé, et qu'aucun n'était signé. J'appris alors que
M. le maire ne les signait qu'à la fin de l'année ; négli-
gence inexcusable, puisque si ce maire venait à mourir
dans le courant de l'année, il serait impossible de la ré-
parer.

l'Alcoran. Je ne désapprouverais cependant pas
M. le curé (car, s'il y a beaucoup de mauvais
latin dans un bréviaire, il s'y en trouve par ci
par là de fort bon, et aussi de la bonne poësie
et de belles vérités), (14) si ses fonctions se bor-
naient à dire sa messe : mais puisqu'il se mêle
d'autre chose, puisque, par exemple, c'est lui
qui redige les actes de l'état civil, il serait bon
qu'il lût quelquefois les loix qui prescrivent les
formalités de ces actes. Il y verrait, d'abord
qu'il ne dépend de personne de se refuser à
constater la naissance des enfans; et qu'il ne faut
pas déclarer dans ces actes, comme il l'a fait
l'an dernier, qu'un enfant est *né incestueusc-
ment* (15): ce qui n'est pas charitable lorsque le
fait est vrái, et ce qui est un faux atroce, quand

___

(14) Mon curé a sans doute lu et compris dans saint
Luc l'histoire du publicain Zachée. Je l'invite à s'en ser-
vir pour contraindre les nôtres à nous restituer non, quatre
fois ce qu'ils nous ont pris, ce serait trop exiger ; mais
seulement ce qu'ils nous prennent.

(15) C'était encore en 1819 que je lus dans les actes
de naissance celui d'un enfant, où il était écrit, dans le corps
et en marge de l'acte, de la main du curé, que cet enfant
était né INCESTUEUSEMENT. J'observai le fait à M. le maire
qui me promit d'y remédier ; j'ignore s'il l'a fait. Mais

il ne l'est pas, comme la chose avait lieu dans l'espèce.

Le père de la demoiselle G. est prêtre d'Esculape, ainsi que la fille est prêtresse de Lucine; je ne sais si, comme elle, il pourrait justifier de son initiation; mais qu'importe! vous et M. le curé avez bien accordé à la fille un privilége pour entrer à la vie, pourquoi n'en accorderiez-vous pas un au père pour en sortir? Cela me paraît tout simple, et pour qu'il ne manque rien à l'affaire, je vous invite aussi à rechercher si, dans cette famille ou ailleurs, il n'existerait pas quelqu'un à qui vous pussiez accorder le monopole des contrats de mariage : ce serait vraiment un œuvre complet; et lorsque vous en serez là, je vous proposerai de tout mettre en monopole dans notre commune; la chose ne vous sera pas plus difficile. Je me contenterai pour mon propre compte de celui du labourage, à la condition que je pourrai seul avoir chez moi chevaux, bœufs, vaches, moutons, etc., alors je vous promets de

---

d'un autre côté, ce curé tient aussi ses registres, et ce malheureux enfant est peut-être destiné à passer, à tort, toute sa vie pour un enfant né incestueusement.

ne jamais regimber contre les délibérations de votre conseil; je vous promets même de vous abandonner le commerce exclusif des bois de la commune, que vous faites fort bien, à ce que l'on m'assure.

J'aurais encore, monsieur le maire, un grand nombre d'autres faits (16) à vous rapporter. Mais je ne puis tout dire dans une première lettre, et celle-ci est déjà bien longue; mais ce que j'ai dit me paraît suffire pour établir deux vérités importantes, l'une: que les autorités supérieures ne peuvent exercer une surveillance trop active, trop vigilante sur l'administration des communes, et l'autre: que les contributions perçues sur nous, votées comme elles le sont, par des individus à qui la loi n'en a pas conféré le droit, sont, par cela seul, illégales et concussionnaires.

Mais si la chose est ainsi, comme je crois vous l'avoir démontré, quelle qualification puis-je

—————————————

(16) Au rôle des contributions locales de notre commune, le salaire du garde-champêtre est porté à deux cents et quelques francs; cependant ce garde dit à tout le monde qu'il n'en reçoit que la moitié, et c'est pour moi un fait certain qu'il dit vrai. Que devient la différence? C'est mon maire à qui je fais cette question.

donner, si ce n'est celle d'exaction, aux contributions que vous levez sur nous, sans délibération aucune, sans même avoir recours à l'apparence des formes légales, et qui ne figurent
dans vos comptes, ni en récette ni en dépense?
Malgré le désir que j'ai de terminer ma lettre,
c'est encoré là une question que je suis dans la
nécessité d'examiner.

Notre commune est propriétaire avec un
hameau voisin d'environ cinq cents arpens de
bois; et elle doit payer, à raison de deux francs
par chacun, taux moyen des contributions sur
les bois, une somme d'environ mille francs.
Mettons, pour ne pas estimer trop bas, qu'elle
paye douze cents francs, ci   1200 fr.

Ajoutons, par approximation et au
plus haut, pour le garde et l'adminis-
tion forestière, quatre cents francs, ci   400 »

Plus pour une rente de vingt-cinq
francs, dont les bois sont grevés, ci   25 »

Plus pour la coupe de chaque
année cent soixante-francs, ci   160 »

TOTAL . . 1785 fr.

C'est là, et je ne crois pas me tromper, toute

la somme que les usagers (au nombre de cent
soixante environ) doivent au plus chaque année. Ce qui fait pour chacun d'eux une somme
de 11 fr. 15 $\frac{10}{16}$ c., cependant vous faites payer
celle de 17 fr. environ, ce qui fait pour chacun
d'eux une différence en plus de 5 fr. 84 $\frac{6}{16}$ c.; ou
pour la totalité celle de 933 francs. Pourrais-
je, monsieur le maire, vous demander sans
indiscrétion ce que vous auriez à répondre,
si l'on exigeait de vous un compte exact de
l'emploi de cet argent, que vous levez sur nous
depuis dix à douze ans, je veux dire, depuis
que vous êtes maire.

Je pourrais envisager encore la même question sous plusieurs autres rapports et dans
ses conséquences nécessaires; mais je vous l'ai
déjà dit, je ne puis tout comprendre dans une
première lettre, et il est temps de finir celle-ci,
qui, j'espère, produira l'effet que j'en attends,
et m'exemptera au moins pour l'avenir, du
payement de contributions arbitraires que je
ne dois point. S'il en était autrement, si les
abus dont je me plains avec juste raison, je
pense, continuaient à subsister, j'exposerai
dans une seconde lettre que je me réserve de

vous adresser, tout ce que j'omets dans la présente, que je ne fais publier même que par nécessité, et parce que des exemples très-récents m'ont appris que cette publication était le seul moyen, s'il en existe un, d'obtenir la réparation des torts que j'éprouve et qu'il m'est impossible de supporter plus long-temps sans consentir moi-même à ma propre ruine, et priver ma femme et mes enfans du pain que mon travail leur procure. Je sais que vous et les fauteurs des abus que j'attaque, me calomnieront; qu'ils me supposeront des vues que je n'ai point; qu'ils affirmeront que la publication de cette lettre a un but tout politique, et tout ce que disent et affirment en pareil cas les délateurs secrets moins effrontés peut-être aujourd'hui qu'ils ne l'étaient naguères, mais qui n'en existent pas moins. Je sais tout cela d'avance, et cette connaissance ne m'arrête point. Tout lecteur équitable verra qu'il n'est question dans cet écrit que de probité administrative; c'est pour la rétablir à mon égard, et à mon égard seulement que je le fais publier, et cela est si vrai, que je le ferai adresser à toutes les autorités à qui la loi confie le soin de veiller à la sûreté des personnes et des propriétés. Ce seront elles, monsieur le maire, qui seront juges entre vous et moi, et je ne crains pas qu'elles ajoutent foi en aucune manière aux assertions répétées encore aujourd'hui avec une effronterie impossible à définir, que ma conduite ne tend QU'A FAIRE REVOLTER LE PEUPLE CONTRE LES LOIS ET LE GOUVERNEMENT DU ROI, tandis qu'au contraire, elle ne tend, comme cette lettre le prouve, qu'à vous ramener à l'exécution littérale des lois, et à vous faire conformer ordres que vous avez reçus relativement à cette exécution (17).

Je sais encore que vous avez fait ou fait faire des démarches réelles pour empêcher l'impression de ma lettre. Mais mes mesures sont prises, et elle le sera. Je suis même si certain qu'au-

---

(17) J'ai lu avec toute l'attention dont je suis capable ? les instructions de M. le Préfet, relativement à l'exécution des lois des finances. Rien n'est plus sage, rien n'est plus légal que les mesures qu'elles prescrivent, et si l'arbitraire des maires permettait que ces instructions fussent suivies, les abus dont je me plains, n'existeraient pas. Je me plais en cela à rendre à M. le Préfet toute la justice qui lui est due, et je suis convaincu d'avance de la réciprocité à mon égard.

cun pouvoir n'a le droit de s'y opposer, que
l'imprimeur a ordre de remettre à M. le Sous-
préfet le premier exemplaire de chaque
feuille, au fur et à mesure de l'impression.
Cette marche n'est pas, comme la vôtre, toute
mystérieuse; elle est au contraire toute à dé-
couvert. Imitez - moi, et dites à vos amis que
les insinuations et même les assertions calom-
nieuses ne m'épouvanteront point, car je vous
le déclare ici en toute sincérité, je ne veux pas
consentir à payer ma quotepart des énormes
traitemens que vous faites ou que vous dites faire
avec notre argent, à des gens qui n'y ont aucun
droit.

   Je suis, monsieur le maire, avec toute
  la considération due à vos fonctions,

     Votre etc.,

    LE F., *propriétaire à C.*

Le 22 octobre 1820.